DRY MEASURE CONVERSION CHART

3 teaspoons = 1 tablespoon = 1/2 ounce = 14.3 grams

2 tablespoons = 1/8 cup = 1 fluid ounce = 28.3 grams

4 tablespoons = 1/4 cup = 2 fluid ounces = 56.7 grams

5 1/3 tablespoons = 1/3 cup = 2.6 fluid ounces = 75.6 grams

8 tablespoons = 1/2 cup = 4 ounces = 113.4 grams = 1 stick butter

12 tablespoons = 3/4 cup = 6 ounces = .375 pound = 170 grams

32 tablespoons = 2 cups = 16 ounces = 1 pound = 453.6 grams

64 tablespoons = 4 cups = 32 ounces = 2 pounds = 907 grams

LIQUID MEASURE CONVERSION CHART

dash = less than 1/4 teaspoon

1 tbsp = 3 tsp = 1/2 fl oz

1/8 cup = 1 fl oz = 2 tbsp = 6 tsp

1/4 cup = 2 fl oz = 4 tbsp = 12 tsp

1/2 cup = 4 fl oz = 8 tbsp = 24 tsp

1 cup = 8 fluid ounces = 1/2 pint = 237 ml

2 cups = 16 fluid ounces = 1 pint = 474 ml

4 cups = 32 fluid ounces = 1 quart = 946 ml

Hungry?

appes / breakfast / lunch
dinner / dessert

Contents

Recipe #	Recipe

Contents

Recipe #	Recipe

Recipe: **Recipe #:**
Prep Time:
Temperature:
Cook Time:
Serves:

Ingredients:

- _____ ○ _____
- _____ ○ _____
- _____ ○ _____
- _____ ○ _____
- _____ ○ _____
- _____

Cooking Instructions:

_____
_____
_____
_____
_____
_____
_____
_____
_____
_____
_____
_____
_____
_____
_____

Recipe Notes

Recipe: **Recipe #:**
Prep Time:
Temperature:
Cook Time:
Serves:

Ingredients:

- _____
- _____
- _____
- _____
- _____
- _____

- _____
- _____
- _____
- _____
- _____

Cooking Instructions:

_____
_____
_____
_____
_____
_____
_____
_____
_____
_____
_____
_____
_____
_____
_____
_____

Recipe Notes

Recipe: **Recipe #:**
Prep Time:
Temperature:
Cook Time:
Serves:

Ingredients:

- _____ ○ _____
- _____ ○ _____
- _____ ○ _____
- _____ ○ _____
- _____ ○ _____
- _____

Cooking Instructions:

_____
_____
_____
_____
_____
_____
_____
_____
_____
_____
_____
_____
_____
_____
_____
_____

Recipe Notes

Recipe: **Recipe #:**
Prep Time:
Temperature:
Cook Time:
Serves:

Ingredients:

- _____   ○ _____
- _____   ○ _____
- _____   ○ _____
- _____   ○ _____
- _____   ○ _____
- _____   ○ _____

Cooking Instructions:

_____
_____
_____
_____
_____
_____
_____
_____
_____
_____
_____
_____
_____
_____
_____
_____

Recipe Notes

Recipe: **Recipe #:**
Prep Time:
Temperature:
Cook Time:
Serves:

Ingredients:

- _____   ○ _____
- _____   ○ _____
- _____   ○ _____
- _____   ○ _____
- _____   ○ _____
- _____   ○ _____

Cooking Instructions:

_____
_____
_____
_____
_____
_____
_____
_____
_____
_____
_____
_____
_____
_____
_____
_____

Recipe Notes

Recipe: **Recipe #:**
Prep Time:
Temperature:
Cook Time:
Serves:

Ingredients:

- _____   ○ _____
- _____   ○ _____
- _____   ○ _____
- _____   ○ _____
- _____   ○ _____
- _____   ○ _____

Cooking Instructions:

_____
_____
_____
_____
_____
_____
_____
_____
_____
_____
_____
_____
_____
_____

Recipe Notes

Recipe: **Recipe #:**
Prep Time:
Temperature:
Cook Time:
Serves:

Ingredients:

- _____
- _____
- _____
- _____
- _____
- _____

- _____
- _____
- _____
- _____
- _____
- _____

Cooking Instructions:

_____
_____
_____
_____
_____
_____
_____
_____
_____
_____
_____
_____
_____
_____

Recipe Notes

Recipe: **Recipe #:**
Prep Time:
Temperature:
Cook Time:
Serves:

Ingredients:

- _____
- _____
- _____
- _____
- _____
- _____

- _____
- _____
- _____
- _____
- _____
- _____

Cooking Instructions:

_____
_____
_____
_____
_____
_____
_____
_____
_____
_____
_____
_____
_____
_____

Recipe Notes

Recipe: **Recipe #:**
Prep Time:
Temperature:
Cook Time:
Serves:

Ingredients:

- _____   ○ _____
- _____   ○ _____
- _____   ○ _____
- _____   ○ _____
- _____   ○ _____
- _____   ○ _____

Cooking Instructions:

_____
_____
_____
_____
_____
_____
_____
_____
_____
_____
_____
_____
_____

Recipe Notes

Recipe: **Recipe #:**
Prep Time:
Temperature:
Cook Time:
Serves:

Ingredients:

- _____   ○ _____
- _____   ○ _____
- _____   ○ _____
- _____   ○ _____
- _____   ○ _____
- _____   ○ _____

Cooking Instructions:

_____
_____
_____
_____
_____
_____
_____
_____
_____
_____
_____
_____
_____

Recipe Notes

Recipe: **Recipe #:**
Prep Time:
Temperature:
Cook Time:
Serves:

Ingredients:

- _____
- _____
- _____
- _____
- _____
- _____

- _____
- _____
- _____
- _____
- _____

Cooking Instructions:

_____
_____
_____
_____
_____
_____
_____
_____
_____
_____
_____
_____
_____
_____
_____
_____

Recipe Notes

Recipe: **Recipe #:**
Prep Time:
Temperature:
Cook Time:
Serves:

Ingredients:

- _____   ○ _____
- _____   ○ _____
- _____   ○ _____
- _____   ○ _____
- _____   ○ _____
- _____   ○ _____

Cooking Instructions:

_____
_____
_____
_____
_____
_____
_____
_____
_____
_____
_____
_____
_____
_____

Recipe Notes

Recipe: **Recipe #:**
Prep Time:
Temperature:
Cook Time:
Serves:

Ingredients:

- _____   o _____
- _____   o _____
- _____   o _____
- _____   o _____
- _____   o _____
- _____   o _____

Cooking Instructions:

_____
_____
_____
_____
_____
_____
_____
_____
_____
_____
_____
_____
_____
_____
_____
_____

Recipe Notes

Recipe: **Recipe #:**
Prep Time:
Temperature:
Cook Time:
Serves:

Ingredients:

- _____ - _____
- _____ - _____
- _____ - _____
- _____ - _____
- _____ - _____
- _____ - _____

Cooking Instructions:

_____
_____
_____
_____
_____
_____
_____
_____
_____
_____
_____
_____
_____
_____
_____
_____
_____

Recipe Notes

Recipe: **Recipe #:**
Prep Time:
Temperature:
Cook Time:
Serves:

Ingredients:

- _____   ○ _____
- _____   ○ _____
- _____   ○ _____
- _____   ○ _____
- _____   ○ _____
- _____

Cooking Instructions:

_____
_____
_____
_____
_____
_____
_____
_____
_____
_____
_____
_____
_____
_____
_____

Recipe Notes

Recipe: **Recipe #:**
Prep Time:
Temperature:
Cook Time:
Serves:

Ingredients:

- _____   ○ _____
- _____   ○ _____
- _____   ○ _____
- _____   ○ _____
- _____   ○ _____
- _____   ○ _____

Cooking Instructions:

_____
_____
_____
_____
_____
_____
_____
_____
_____
_____
_____
_____
_____
_____
_____
_____
_____

Recipe Notes

Recipe: **Recipe #:**
Prep Time:
Temperature:
Cook Time:
Serves:

Ingredients:

- _____   ○ _____
- _____   ○ _____
- _____   ○ _____
- _____   ○ _____
- _____   ○ _____
- _____   ○ _____

Cooking Instructions:

_____
_____
_____
_____
_____
_____
_____
_____
_____
_____
_____
_____
_____
_____
_____

Recipe Notes

Recipe: **Recipe #:**
Prep Time:
Temperature:
Cook Time:
Serves:

Ingredients:

- _____ ○ _____
- _____ ○ _____
- _____ ○ _____
- _____ ○ _____
- _____ ○ _____
- _____ ○ _____

Cooking Instructions:

_____
_____
_____
_____
_____
_____
_____
_____
_____
_____
_____
_____
_____
_____
_____
_____

Recipe Notes

Recipe: **Recipe #:**
Prep Time:
Temperature:
Cook Time:
Serves:

Ingredients:

- _____ ○ _____
- _____ ○ _____
- _____ ○ _____
- _____ ○ _____
- _____ ○ _____
- _____

Cooking Instructions:

Recipe Notes

Recipe: **Recipe #:**
Prep Time:
Temperature:
Cook Time:
Serves:

Ingredients:

- _____ ○ _____
- _____ ○ _____
- _____ ○ _____
- _____ ○ _____
- _____ ○ _____
- _____ ○ _____

Cooking Instructions:

_____
_____
_____
_____
_____
_____
_____
_____
_____
_____
_____
_____
_____
_____
_____
_____

Recipe Notes

Recipe: **Recipe #:**
Prep Time:
Temperature:
Cook Time:
Serves:

Ingredients:

- _____ ○ _____
- _____ ○ _____
- _____ ○ _____
- _____ ○ _____
- _____ ○ _____
- _____ ○ _____

Cooking Instructions:

_____
_____
_____
_____
_____
_____
_____
_____
_____
_____
_____
_____
_____
_____
_____

Recipe Notes

Recipe: **Recipe #:**
Prep Time:
Temperature:
Cook Time:
Serves:

Ingredients:

- _____
- _____
- _____
- _____
- _____
- _____

- _____
- _____
- _____
- _____
- _____
- _____

Cooking Instructions:

_____
_____
_____
_____
_____
_____
_____
_____
_____
_____
_____
_____
_____
_____

Recipe Notes

Recipe: **Recipe #:**
Prep Time:
Temperature:
Cook Time:
Serves:

Ingredients:

- _____ ○ _____
- _____ ○ _____
- _____ ○ _____
- _____ ○ _____
- _____ ○ _____
- _____ ○ _____

Cooking Instructions:

_____
_____
_____
_____
_____
_____
_____
_____
_____
_____
_____
_____
_____
_____
_____
_____

Recipe Notes

Recipe: **Recipe #:**
Prep Time:
Temperature:
Cook Time:
Serves:

Ingredients:

- _____
- _____
- _____
- _____
- _____
- _____

- _____
- _____
- _____
- _____
- _____
- _____

Cooking Instructions:

Recipe Notes

Recipe: **Recipe #:**
Prep Time:
Temperature:
Cook Time:
Serves:

Ingredients:

- _____
- _____
- _____
- _____
- _____
- _____

- _____
- _____
- _____
- _____
- _____
- _____

Cooking Instructions:

_____
_____
_____
_____
_____
_____
_____
_____
_____
_____
_____
_____
_____
_____
_____

Recipe Notes

Recipe: **Recipe #:**
Prep Time:
Temperature:
Cook Time:
Serves:

Ingredients:

- _____   ○ _____
- _____   ○ _____
- _____   ○ _____
- _____   ○ _____
- _____   ○ _____
- _____   ○ _____

Cooking Instructions:

_____
_____
_____
_____
_____
_____
_____
_____
_____
_____
_____
_____
_____
_____
_____

Recipe Notes

Recipe: **Recipe #:**
Prep Time:
Temperature:
Cook Time:
Serves:

Ingredients:

- _____
- _____
- _____
- _____
- _____
- _____

- _____
- _____
- _____
- _____
- _____

Cooking Instructions:

_____
_____
_____
_____
_____
_____
_____
_____
_____
_____
_____
_____
_____
_____
_____
_____

Recipe Notes

Recipe: **Recipe #:**
Prep Time:
Temperature:
Cook Time:
Serves:

Ingredients:

- _____   ○ _____
- _____   ○ _____
- _____   ○ _____
- _____   ○ _____
- _____   ○ _____
- _____   ○ _____

Cooking Instructions:

_____
_____
_____
_____
_____
_____
_____
_____
_____
_____
_____
_____
_____
_____
_____
_____
_____

Recipe Notes

Recipe: **Recipe #:**
Prep Time:
Temperature:
Cook Time:
Serves:

Ingredients:

- _____   - _____
- _____   - _____
- _____   - _____
- _____   - _____
- _____   - _____
- _____   - _____

Cooking Instructions:

_____
_____
_____
_____
_____
_____
_____
_____
_____
_____
_____
_____
_____
_____
_____
_____
_____
_____

Recipe Notes

Recipe: **Recipe #:**
Prep Time:
Temperature:
Cook Time:
Serves:

Ingredients:

- _____   ○ _____
- _____   ○ _____
- _____   ○ _____
- _____   ○ _____
- _____   ○ _____
- _____   ○ _____

Cooking Instructions:

_____
_____
_____
_____
_____
_____
_____
_____
_____
_____
_____
_____
_____

Recipe Notes

Recipe: **Recipe #:**
Prep Time:
Temperature:
Cook Time:
Serves:

Ingredients:

- _____
- _____
- _____
- _____
- _____
- _____

- _____
- _____
- _____
- _____
- _____
- _____

Cooking Instructions:

_____
_____
_____
_____
_____
_____
_____
_____
_____
_____
_____
_____
_____
_____
_____

Recipe Notes

Recipe: **Recipe #:**
Prep Time:
Temperature:
Cook Time:
Serves:

Ingredients:

- _____ 　　○ _____
- _____ 　　○ _____
- _____ 　　○ _____
- _____ 　　○ _____
- _____ 　　○ _____
- _____ 　　○ _____

Cooking Instructions:

_____
_____
_____
_____
_____
_____
_____
_____
_____
_____
_____
_____
_____
_____
_____
_____
_____

Recipe Notes

Recipe: **Recipe #:**
Prep Time:
Temperature:
Cook Time:
Serves:

Ingredients:

- _____   ○ _____
- _____   ○ _____
- _____   ○ _____
- _____   ○ _____
- _____   ○ _____
- _____

Cooking Instructions:

_____
_____
_____
_____
_____
_____
_____
_____
_____
_____
_____
_____
_____
_____
_____
_____

Recipe Notes

Recipe: **Recipe #:**
Prep Time:
Temperature:
Cook Time:
Serves:

Ingredients:

- _____
- _____
- _____
- _____
- _____
- _____

- _____
- _____
- _____
- _____
- _____
- _____

Cooking Instructions:

_____
_____
_____
_____
_____
_____
_____
_____
_____
_____
_____
_____
_____
_____
_____

Recipe Notes

Recipe: **Recipe #:**
Prep Time:
Temperature:
Cook Time:
Serves:

Ingredients:

- _____   ○ _____
- _____   ○ _____
- _____   ○ _____
- _____   ○ _____
- _____   ○ _____
- _____   ○ _____

Cooking Instructions:

_____
_____
_____
_____
_____
_____
_____
_____
_____
_____
_____
_____
_____
_____

Recipe Notes

Recipe: **Recipe #:**
Prep Time:
Temperature:
Cook Time:
Serves:

Ingredients:

- _____ - _____
- _____ - _____
- _____ - _____
- _____ - _____
- _____ - _____
- _____ - _____

Cooking Instructions:

Recipe Notes

Recipe: **Recipe #:**
Prep Time:
Temperature:
Cook Time:
Serves:

Ingredients:

- _____   ○ _____
- _____   ○ _____
- _____   ○ _____
- _____   ○ _____
- _____   ○ _____
- _____   ○ _____

Cooking Instructions:

_____
_____
_____
_____
_____
_____
_____
_____
_____
_____
_____
_____
_____
_____
_____

Recipe Notes

Recipe:　　　　　　　　　　　　　　　　**Recipe #:**
Prep Time:
Temperature:
Cook Time:
Serves:

Ingredients:

- _____   ○ _____
- _____   ○ _____
- _____   ○ _____
- _____   ○ _____
- _____   ○ _____
- _____

Cooking Instructions:

_____
_____
_____
_____
_____
_____
_____
_____
_____
_____
_____
_____
_____
_____
_____

Recipe Notes

Recipe:
Prep Time:
Temperature:
Cook Time:
Serves:

Recipe #:

Ingredients:

- _____
- _____
- _____
- _____
- _____
- _____

- _____
- _____
- _____
- _____
- _____
- _____

Cooking Instructions:

_____
_____
_____
_____
_____
_____
_____
_____
_____
_____
_____
_____
_____
_____
_____
_____

Recipe Notes

Recipe: **Recipe #:**
Prep Time:
Temperature:
Cook Time:
Serves:

Ingredients:

- _____
- _____
- _____
- _____
- _____
- _____

- _____
- _____
- _____
- _____
- _____
- _____

Cooking Instructions:

_____
_____
_____
_____
_____
_____
_____
_____
_____
_____
_____
_____
_____
_____

Recipe Notes

Recipe: **Recipe #:**
Prep Time:
Temperature:
Cook Time:
Serves:

Ingredients:

- _____   ○ _____
- _____   ○ _____
- _____   ○ _____
- _____   ○ _____
- _____   ○ _____
- _____   ○ _____

Cooking Instructions:

_____
_____
_____
_____
_____
_____
_____
_____
_____
_____
_____
_____
_____
_____

Recipe Notes

Recipe: **Recipe #:**
Prep Time:
Temperature:
Cook Time:
Serves:

Ingredients:

- _____ ○ _____
- _____ ○ _____
- _____ ○ _____
- _____ ○ _____
- _____ ○ _____
- _____ ○ _____

Cooking Instructions:

_____
_____
_____
_____
_____
_____
_____
_____
_____
_____
_____
_____
_____
_____
_____

Recipe Notes

Recipe: **Recipe #:**
Prep Time:
Temperature:
Cook Time:
Serves:

Ingredients:

- _____   ○ _____
- _____   ○ _____
- _____   ○ _____
- _____   ○ _____
- _____   ○ _____
- _____   ○ _____

Cooking Instructions:

_____
_____
_____
_____
_____
_____
_____
_____
_____
_____
_____
_____
_____
_____
_____

Recipe Notes

Recipe: **Recipe #:**
Prep Time:
Temperature:
Cook Time:
Serves:

Ingredients:

- _____ - _____
- _____ - _____
- _____ - _____
- _____ - _____
- _____ - _____
- _____ - _____

Cooking Instructions:

_____
_____
_____
_____
_____
_____
_____
_____
_____
_____
_____
_____
_____
_____
_____
_____
_____

Recipe Notes

Recipe: **Recipe #:**
Prep Time:
Temperature:
Cook Time:
Serves:

Ingredients:

- _____   ○ _____
- _____   ○ _____
- _____   ○ _____
- _____   ○ _____
- _____   ○ _____
- _____   ○ _____

Cooking Instructions:

_____
_____
_____
_____
_____
_____
_____
_____
_____
_____
_____
_____
_____
_____
_____

Recipe Notes

Recipe: **Recipe #:**
Prep Time:
Temperature:
Cook Time:
Serves:

Ingredients:

- _____   o _____
- _____   o _____
- _____   o _____
- _____   o _____
- _____   o _____
- _____   o _____

Cooking Instructions:

_____
_____
_____
_____
_____
_____
_____
_____
_____
_____
_____
_____
_____
_____
_____
_____

Recipe Notes

Recipe: **Recipe #:**
Prep Time:
Temperature:
Cook Time:
Serves:

Ingredients:

- _____
- _____
- _____
- _____
- _____
- _____

- _____
- _____
- _____
- _____
- _____
- _____

Cooking Instructions:

_____
_____
_____
_____
_____
_____
_____
_____
_____
_____
_____
_____
_____
_____

Recipe Notes

Recipe: **Recipe #:**
Prep Time:
Temperature:
Cook Time:
Serves:

Ingredients:

- _____   ○ _____
- _____   ○ _____
- _____   ○ _____
- _____   ○ _____
- _____   ○ _____
- _____   ○ _____

Cooking Instructions:

_____
_____
_____
_____
_____
_____
_____
_____
_____
_____
_____
_____
_____
_____
_____
_____

Recipe Notes

Recipe: **Recipe #:**
Prep Time:
Temperature:
Cook Time:
Serves:

Ingredients:

- _____   ○ _____
- _____   ○ _____
- _____   ○ _____
- _____   ○ _____
- _____   ○ _____
- _____   ○ _____

Cooking Instructions:

_____
_____
_____
_____
_____
_____
_____
_____
_____
_____
_____
_____
_____
_____
_____
_____

Recipe Notes

Recipe: **Recipe #:**
Prep Time:
Temperature:
Cook Time:
Serves:

Ingredients:

- _____
- _____
- _____
- _____
- _____
- _____

- _____
- _____
- _____
- _____
- _____
- _____

Cooking Instructions:

_____
_____
_____
_____
_____
_____
_____
_____
_____
_____
_____
_____
_____
_____
_____

Recipe Notes

Made in the USA
Columbia, SC
27 November 2017